El color de tu emoción

por Kathia Ruiz

¿Sabias que hacer mándalas es terapéutico?

La palabra Mandala significa "Círculo" en sánscrito. El mandala, conocido como esfera o circulo de la suerte, es un instrumento de pensamiento y también una forma de arteterapia.

Sus virtudes terapéuticas permiten recobrar el equilibrio, el conocimiento de si mismo, el sosiego y la calma interna.

Es una herramienta muy poderosa para estimular la creatividad, despertar los sentidos y armonizar nuestro mundo interior con el exterior. En definitiva, es ideal para armonizar, estabilizar y controlar estados de crisis, ansiedad, enojo, tristeza, ira, descontento y desequilibrios.

Dibujar y pintar Mandalas es un método de meditación activa en el cual podemos exteriorizar nuestros sentimientos, nuestro estado anímico y crear una imagen perfecta de nuestro interior en el momento presente.

Como terapia, dibujar y colorear mandalas nos permiten recobrar el equilibrio, encontrar una respuesta, conocer y sanar tu yo interno, conectarte contigo mismo, y atraer la calma interna, tan necesaria para vivir en armonía.

Todos los mandalas de este libro estan diseñados para ser elegidos en un momento clave de tu dia, tu emoción, tu sentimiento, no llevan un orden en especifico, solo elige el que te vibre en ese momento y liberate.

Este agradecimiento especial, va para todos aquellos que sin importar lo que estan viviendo tienen el valor de tomar su vida por los cuernos y liberarse de sus conflictos.

A todas aquellas mujeres y aquellos hombres que luchan día a día por ser mejores, por sanar, por sentirse libres y ser felices y para que sus descendientes tambien lo sean.

Y a ti, en especial, que al comprar este libro de "El color de tu emoción" has dado ese primer paso sentirte mejor.

Se parte de esta gran comunidad de seres humanos que sin importar edadd, condición socioeconomica, fisica, de salud, genero, estado civil y preferencia sexual han logrado cambiar su vida, sígueme en:

https://www.facebook.com/PsicologiaAlternativaMexico/

Con mucho gusto responderé tus comentarios, peticiones, sugerencias y mensajes.

Kathia Ruiz